SULAMITH WÜLFING   ENGELEN

*Toren*BOEKJES

copyright © 1980, Sulamith Wülfing. All rights reserved.
Exclusively produced by V.O.C.-Angel Books
Design: Roon van Santen.
Text compiled by Simon Vinkenoog
Printed by Mohndruck, Gütersloh
Verspreiding voor België:
Uitgeverij Westland b.v., Schoten
ISBN 90 6074 352 0
No part of this book may be reproduced in
any form by print, photoprint, microfilm or
any other means without written permission
from the publisher.
Niets uit deze uitgave mag worden vermenig-
vuldigd en/of openbaar gemaakt door middel
van druk, fotoprint, microfilm of op welke
andere wijze dan ook zonder voorafgaande
schriftelijke toestemming van de uitgever.

SULAMITH WÜLFING

ENGELEN

In den Toren - Baarn
V.O.C. - Amsterdam

ORIGINELE TITELS DER ILLUSTRATIES

Kindheit
Der Führende
Der Engel und das Kind
Das Kind
Vom Himmel hoch
Geführt
Regenbogen
Der Gruss
Der dunkle Engel
Drei Engel
Die strengen Engel
Der einsame Engel
Erlösung
Warten
Aufwärts
Im Kreis der Engel
Der Adventsengel
Anbetung
Die Mondsichel
Abschied
Vereinigung
Das Schweben
Dunkler Flügel
Bereit
Stufen

De Eoolse harp ruist in den nacht,
Ruist op den toon der treurgezangen;
Aandoenlijk als de weke klacht
Van 't harte dat van liefde smacht,
Of breekt van onvervuld verlangen.

Die doorslaapt, waar die citer slaat,
Sliep zeker in met zoete dromen;
Die slaaploos aan het venster staat
Wendt naar den kant het bleek gelaat,
Vanwaar de galmen óverkomen.

De nachtwind weet niet wat hij doet,
Die al haar snaren dwingt te trillen,
- Zo min als 't oog dat, door zijn gloed,
Ontroering in een rein gemoed
Verwekt, maar niet vermag te stillen.

Nicolaas Beets

Ik ben een punt van licht binnen een groter Licht
ik ben een fragment van liefdebrengende energie
binnen de stroom van Liefde Gods.
Ik ben een vonk van opofferend vuur,
dat zijn brandpunt vindt in de vurige Wil van God.
En aldus sta ik.

Belofte van een Discipel

Voor de Engelen van het vuur ziet het heelal er uit
als een immense Bloem, een bloem van laaiend
vuur, de Engelenscharen waaieren wijduit als
prachtige kelkbladeren van lichtend vuur rondom
een Hart van Mysterie-Goud, waarin slechts Gods
Gelijken mogen en kunnen schouwen. En overal
heen stroomt in tomeloze wilde vaart het trillende,
gloeiende vuur, om zich aan de uiterste grenzen óm
te buigen, en in een grandioze en glorierijke
zegetocht terug te keren om zich in opperste extase
te werpen in de Supreme Bron van Licht, Liefde en
Leven.

James Geway

Waar zich Gods aangezigt onthult,
Waar licht uit licht den Troont vervult,
En rond straalt door de hemelkringen,
Daar schalt der eng'len koorgeluid,
Daar slaat de stem der schepping uit
En hoort Hij alle sferen zingen.

Maar wie, wanneer Hij op deez' aard
Uit Liefde tot ons nedervaart,
Slechts blankheid toont van 't tarwekoren
Zijn glorie wegdruipt met den schijn
Van d'uitgegoten druivenwijn,
Wie dan, wie doet den lofzang hooren?

Cornelis Broere

Jakoba trad met tegenzin
Ter snode werelt in;
En heeft zich aan het endt geschreit,
In haere onnozelheit.
Zy was hier naeu verscheenen,
Of ging, wel graeg, weêr heenen.
De moeder kuste 't lieve wicht
Voor 't levenloos gezigt,
En riep het zieltje nogh te rug:
Maer dat, te snel en vlug,
Was nu al opgevaren
By Godts verheugde schaeren.
Daer lacht en speelt het nu zoo schoon,
rontom den hoogsten troon;
En spreit de wiekjes luchtigh uit,
Door wee noch smart gestuit.
O bloem van dertien dagen,
Uw heil verbiedt ons 't klagen.

Hubert Kornelisz. Poot

Zo helder, helderder
dan water is de lucht
doorzicht stil
te dun om te trillen
en helemaal nieuw
nog niets er in
geen stof geen vocht
geen rimpel
overal smelt het
zwelt het glimt het
nu gaan de dingen
weer beginnen
te gebeuren
het eind
van de winter
en juist ook
tintelen stemmen
naar binnen

Judith Herzberg

Er staat geschreven dat Elfen altijd wandelen in
licht dat is als de gloed van de maan, net onder de
rand van de Aarde. Hun haar is als gesponnen goud
of geweven zilver of gepolijst git, en sterrenlicht
schittert om hun hele verschijning heen: haar, ogen,
zijden kleding, met edelstenen gesierde handen.

David Day

Des Heeren engel schaart
Een onverwinb're hemelwacht
Rondom hem, die Gods wil betracht;
Dus is hij wèl bewaard.

Psalm 34

Als men ten laatste heeft gevonden
Waar heel de ziel naar smacht,
Dan is 't te laat, de dag verzwonden,
Reeds valt de nacht.

Als 't kleed ons past, is het versleten,
Als men het boek kent, is het uit,
Als men het leven komt te weten,
Dan valt het scherm dat alles sluit.

C. Vosmaer

En peinzend zie 'k zee-blauwe oogen pralen
Waarin de zachtheid kwijnt, de liefde droomt
En weet niet wat mij door mijne âren stroomt:
Ik zie naar u en kan niet ademhalen.

Een gouden waterval van zonnestralen
Heeft nooit een schooner aangezicht bezoomd...
't Is of me een engel heeft verwellekoomd,
Die met een paradijs op aard kwam dalen.

'k Gevoel mij machtig tot u aangedreven
En buiten mij. 'k Was dood, ik ben herrezen
En voel mij tusschen zijn en niet-zijn zweven.

Wat hebt gij tooveres, mij goed belezen!
Aan u en aan uwe oogen hangt mijn leven:
Een diepe rust vervult geheel mijn wezen.

Jacques Perk

Moeder naar wier liefde mijn verlangen
Sinds mijn kinderjaren heeft geschreid,
Ach, hoe zult gij mij zoo straks ontvangen
Na den langen scheidingstijd?

Zult gij me aanstonds als uw kind begroeten,
Als 'k ontwaken zal uit mijnen dood?
Zal ik nederknielen mogen voor uw voeten
Met mijn hoofd in uwen schoot?...

Maar wat dan? Wat zult gij tot mij zeggen,
Bij het ver gegons van de engelenschaar,
Als ge uw jonge, blanke hand zult leggen
Op dit oude, grijze haar?

Jacqueline van der Waals

Regen valt in regen,
een golf valt in de zee,
wolken voegen zich samen,
scheiden, delen zich mee.

Hij niet, hij bleef maar zweven,
dalende parachutist.
Golven sloegen hun deuren
open, sneeuwwit weer dicht.

Stil, de zee zal geen splinter
in zijn lichaam slaan.
Hij is tussen vleugels hangend
in het lange om de aarde fluiten
van de wind bijna gestegen
stil blijven staan.

Chris J. van Geel

Hij lacht mij aan, ontplooit de wieken wijd...
Ik hoor een sluimerende melodie,
En weet niet wat mij loodzwaar viel op de oogen.

Jacques Perk

MARIA, die ééns Vrouw was en tot die ontzaggelijke hoogte van het Archetype kon stijgen, staat bij alle vrouwen in het uur van de barings-inwijding, omdat ZIJ wéét, hoe moeilijk de weg is en hoe ver nog het Doel. Koningin der Engelen en Sterre der Zee zijn enige van haar namen, wel aanduidende de unieke plaats, die ZIJ inneemt in de cosmos met betrekking tot het element Water. Alle Engelen van het Water zijn met Haar verbonden en gehoorzamen haar. Haar gebied is overal, want waar al niet is dit element Water?

James Geway

Hoe is de hemel zo nabij!
Ben ik in hem of hij in mij?

Albert Verwey

MARIA treedt ons tegemoet in zovele
verschijningsvormen: de Vrouw, de Priesteres, de
Sibylle, de Kerk, de Moeder, de Anima, de Shakti,
maar óók als Hoofd van een grote Schare van
Engelen. En het zijn deze Engelen, die het HAAR
mogelijk maken, aanwezig te zijn bij *iedere*
geboorte, bij alle geboorten. Het geven van
geboorte is een inwijding en als zodanig een
ceremonie, waarbij MARIA de hiërophant is en de
Engelen de secondanten. Na de geboorte staat het
groeiende leven onder de hoede van Wachter-
Engelen. De mensen kennen ze als Schutsengelen.

James Geway

Boven mijn hoofd aan zijden draad
Slingert het zwaard al heen en weder,
't Móet vallen - vallen, vroeg of laat!
Het trilt, het velt mij neder!

Doch om mijn hoofd ook ruischt een stem,
Te midden van al mijn vreezen,
Die mij gebiedt met zachten klem,
Toch niet bezorgd te wezen.

P.A. de Genestet

Het zou van belang kunnen zijn er hier op te wijzen dat, bij de komst van Hem, Die door engelen en mensen wordt verwacht en Wiens werk het is om het nieuwe tijdperk in te luiden en zó het werk te voltooien, dat Hij tweeduizend jaar geleden in Palestina begon, Hij enige van de grote engelen met zich mee zal brengen evenals bepaalde Meesters. De engelen hebben steeds een rol gespeeld in de bijbelse geschiedenis en zullen wederom het leven van de menselijke wezens binnentreden, met nog meer macht dan vroeger het geval was. Zij zijn wederom geroepen om de mensheid te benaderen en om met hun verhoogde trilling en hogere kennis hun krachten te verenigen met die van de Christus en Zijn discipelen om het ras te helpen. Zij kunnen de mensen bijvoorbeeld veel mededelen over kleur en geluid en de uitwerking van deze twee krachten op het etherisch lichaam van mensen, dieren en bloemen. Wanneer het ras beseft, wat zij bij te dragen hebben, zullen fysieke ziekten en kwalen verdwijnen. De groep violette engelen of devas, die op de vier etherische gebieden werkzaam zijn, zullen zeer aktief worden en zij zullen werken in de vier hoofdgroepen van mensen, die op een bepaald moment geïncarneerd zijn.

Alice A. Baily

In de rijken der natuur zijn de Engelen volmaakte helpers. Dit helpen is hun ontplooiing, hun opbloei, hun bloesemdragen, hun wezen. Zij kunnen niet anders. Hun helpen is volmaakt, daar in het hem toegewezen gebied iedere Engel zich bewust is van alles, wat onder zijn autoriteit valt, bij dag en bij nacht, zonder rustpauze.

James Geway

Ik ben een weg waardoor mensen kunnen slagen.
Ik ben een bron van kracht die hen doet staan.
Ik ben een straal van licht, die schijnt op hun weg.
En aldus sta ik.

En aldus staande wend ik mij rond
En ga deze weg, de weg der mensen.
En ken de wegen Gods.
En aldus sta ik.

Belofte van een Discipel

Onder zich heeft een Engel een ganse schare van
Natuurwezens, die nog niet geïndividualiseerd zijn
en die onder zijn leiding reeds deel nemen aan de
Grote Dienst. De kennis betreffende deze
Natuurgeestjes is bewaard en doorgegeven geworden
in de folklore en de sprookjes bij alle volkeren. Zij
worden onderscheiden al naar de aard van het
natuur-element waartoe zij behoren: Aarde, Water,
Vuur en Lucht. Gnomen, Pixies, Brownies,
Mannikins. De wezens van het Water zijn de
Nimfen, Waterelfjes, Undines, Najaden, die van het
Vuur zijn de Vuursalamanders en die van de Lucht:
Lucht-elfen en de Sylphen. De laatsten vormen de
hoogste trap in het gehele Elfenrijk.

James Geway

Vannacht heb ik van jou gedroomd.
Je liep over de steentjes van het strand.
Ik liep je na.
Vannacht heb ik van jou gedroomd.
Alsof ik wakker was,
heb ik gedroomd dat ik je naliep
en je begeerde...

Eskimo-gedicht

Iedere menselijke medewerker in dit werk wordt welkom geheten. De Engelen der Kleur zullen hem leren hoe, zoals zij, zich uit te drukken en te spreken in opaliserende en iriserende kleuren. Zij leren hem zien hoe zichzelf te zien als zijn lievelingskleur en hierop iedere dag te mediteren, zich in de meditatie voor te stellen, hoe die kleur bij elke ontmoeting met mensen zich uitzet en de ander omspeelt, het helpende groen, het liefdevolle blauw, het begrijpende geel van goud, het geestelijke violet.

James Geway

Zij laten hem zien, hóe deze miniatuur-kleurenzon op te dragen als een feestgave aan de Ene Bron van Licht en Kleur, en zij zullen hem op deze wijze langzaam voorbereiden op de Apotheose, die heel ver weg nog staat, - opgenomen te worden in het Visioen der Kleur, zoals de sterren staan aan het firmament.

James Geway

Ziet daar, lieve wigtjes!
Een bundel gedigthjes,
Vermaak u er meê!
En springt naar uw wooning;
Maar ... eerst ter belooning
Een kusjen of twee.

Door liefde gedrongen
Heb ik ze gezongen,
En wilt gij er meer,
Gij moogt er om vragen.
Wanneer ze u behagen,
Komt huppelend weér.

Hieronymus van Alphen

BRONVERMELDING

Nicolaas Beets, 1814-1903 De Eoolse harp.

Belofte van een Discipel, in Alice A. Baily's Discipelschap in het nieuwe tijdperk, deel II. p.138, Mirananda, 1976.

James Geway, De Engelen.

Cornelis Broere, 1803-1860 Op het twaalf en halfjarig bestaan van het Zangkoor der R.K. kerk, Geloof, Hoop en Liefde te Amsterdam. (fragment)

Hubert Kornelisz. Poot (1689-1733) Op de doot van myn dochtertje.

Judith Herzberg, Eind van de winter en juist ook het praten van mensen. Poetry International, Rotterdam 1973.

David Day, Een Tolkien Bestiarium, Rostrum, 1979

Psalm 34, vers 4 - 1e vier regels.

C. Vosmaer, 1826-1888 Melancolia.

Jacques Perk 1859-1881. Eerste aanblik.

Jacqueline van der Waals 1868-1922 Moeder. Laatste Verzen 1922.

Chris J. van Geel 1917-1974 Engel. v. Oorschot

Jacques Perk, 1859-1881 Sluimer. (fragment)

James Geway, De Engelen.

Albert Verwey, 1856-1937. Droomtij. (fragment) Uit Het Zwaardjaar, 1916.

James Geway, De Engelen.

P.A. de Genestet, 1829-1861. Niet bezorgd.

Alice A. Baily, Het naar buiten treden van de geestelijke hiërarchie, Mirananda, 1973.

James Geway, De Engelen.

Belofte van een Discipel, in Alice A. Baily's Discipelschap in het nieuwe tijdperk, deel II. p. 138, Mirananda, Wassenaar. 1976.

James Geway, De Engelen.

Eskimo-gedicht, fragment Oost-Groenland. De Donkere Lier, Meulenhoff, 1957.

James Geway, De Engelen, Stichting Ruysbroeck, 1949.

Hieronymus van Alphen, 1746-1803 Aan twee lieve kleine jongens.